DES
BIBLIOTHÈQUES
POPULAIRES
DANS LE DÉPARTEMENT DE L'AISNE

PAR

Gilbert STENGER

Rédacteur du JOURNAL DE L'AISNE

Juillet 1866.

LAON

IMPRIMERIE DE H. DE COQUET ET G. STENGER

RUE SÉRURIER, 22.

—

1866

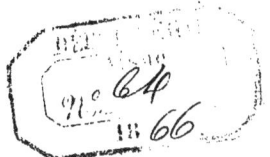

DES
BIBLIOTHÈQUES
POPULAIRES

DANS LE DÉPARTEMENT DE L'AISNE

PAR

Gilbert STENGER

Rédacteur du JOURNAL DE L'AISNE

Juillet 1866.

LAON

IMPRIMERIE DE H. DE COQUET ET G. STENGER,

Rue Sérurier, 22.

1866

AVANT-PROPOS.

Les pages qui suivent ne sont inspirées que par le désir d'être utile à notre pays.

Nous avons voulu :

1° Exposer l'extension donnée à l'instruction primaire dans le département de l'Aisne ; le succès des cours d'adultes depuis l'année dernière ; le penchant de l'esprit public en leur faveur ;

2° Démontrer la nécessité de la création des Bibliothèques populaires, comme une conséquence du développement de l'instruction ;

3° Indiquer les moyens de créer ces Bibliothèques populaires ;

4° Donner ensuite un projet d'association, en vue de leur propagation ;

5° Et publier enfin une instruction pour la création de ces Bibliothèques dans les communes.

Développement de l'Instruction primaire dans l'Aisne. — Disposition de l'esprit public.

Par la nature des travaux que notre profession de journaliste nous impose, nous sommes au courant de toutes les manifestations qui se produisent dans notre département; nous connaissons ses besoins; nous les apprécions; nous en tirons des conséquences.

Or, il faut que notre pays sache bien ce qui a été fait cette année, et ce que l'avenir promet, sous l'active impulsion donnée à l'éducation de notre jeunesse.

Pendant tout l'hiver, dans presque toutes les communes de l'Aisne, le soir réunissait, autour de l'instituteur, les jeunes ouvriers et les pères de famille qui venaient apprendre à lire, à écrire, à compter, et qui, en outre, écoutaient avec la plus attentive docilité les explications sommaires qu'on leur donnait sur les rudiments de la science et les grandes découvertes du XIXe siècle. Il y avait un tel engouement pour ces soirées studieuses et recueillies, que, du trente-troisième rang, occupé l'année dernière par le département de l'Aisne, dans la hiérarchie établie suivant leur instruction respective, il s'est élevé maintenant au deuxième, entre tous les autres départements, grâce au grand nombre de ses cours d'adultes. La Meurthe occupe encore le premier rang.

A qui ce résultat est-il dû?

En premier lieu, au dévouement des instituteurs qui ont rivalisé entre eux de générosité; à leur désir de faire le bien, d'ouvrir à la lumière les jeunes intelligences, obscurcies par l'ignorance et dévoyées par la routine et les préjugés; à leur satisfaction d'enseigner aux autres ce qu'ils savent. Et, quel est celui qui ne trouve pas du plaisir à communiquer à ses semblables les idées qui meublent le cerveau, et les observations qu'il a faites?

En deuxième lieu, aux municipalités qui ont secondé puissamment les nobles efforts des instituteurs; qui leur ont trouvé un local; qui ont fait les premières avances de plumes, d'encre, de papier, de livres; qui ont entretenu par leur appui bienveillant cette émulation admirable, jeune encore, à peine éveillée, et qu'il fallait accroître.

En troisième lieu, à l'administration académique et au gouvernement, qui n'ont négligé ni les encouragements, ni les conseils; qui ont prodigué les récompenses.

En quatrième lieu, enfin, à la presse de notre département qui a fait connaître, dans tous les villages, les laborieux commencements de cette entreprise, les succès obtenus, les résultats conquis et la protection qu'elle trouvait auprès des hommes les plus considérables.

Ainsi a été menée à bonne fin cette campagne, au début si modeste, en faveur de l'instruction primaire des jeunes ouvriers.

Aujourd'hui, l'avenir nous assure le couronnement certain de l'instruction dans le département. Il se produit un entraînement qui dirigera tous les efforts de ce côté. Cette impulsion ira en grandissant jusqu'à ce qu'il ne reste plus un enfant ni une jeune fille, ignorants ou étrangers à l'école. Tout le monde voudra savoir lire et écrire, réfléchir, comparer, classer dans son esprit ses nouvelles idées. L'instruction est féconde; elle ne peut être stationnaire. L'homme instruit est comme celui qui a faim, et qui mange jusqu'à ce que sa faim ait disparu;

il veut apprendre jusqu'à ce que sa curiosité soit satisfaite ; car une vérité étant comprise, un préjugé effacé, il reste le désir d'en connaître les conséquences ?

Felix qui potuit rerum cognoscere causas.

a dit le poète latin.

Nous avons foi d'ailleurs dans les dispositions que nous avons remarquées cet hiver au milieu des campagnes et des plus petites communes du département. On ne peut pas dire que nous soyons, tous, tant que nous sommes, tels que nous étions encore il y a cinq ans. Non, nous ne sommes plus les mêmes ; et tous, dans l'Aisne, nous nous sommes refait au contact des nouvelles idées répandues, dans les conversations, dans les discussions législatives, dans les rapports du Conseil général, dans les propositions des municipalités, une nouvelle conviction en faveur de l'instruction populaire. Il y a cinq ans, nous sortions des luttes violentes qui ont fait surgir du néant la nouvelle Italie ; nous étions encore émus par les grandes douleurs de la guerre, et la fortune publique se consolidait à peine ; on cherchait à se rassurer après avoir réparé les ruines des agitations révolutionnaires. Mais depuis cinq ans, la paix a fait dériver notre activité ailleurs ; nous sommes rentrés au-dedans de nous, et, connaissant l'ignorance de nos populations, nous nous sommes mis à l'œuvre pour y répandre les lumières de la science et l'éducation qui est la force des mœurs publiques. Dans l'Aisne, pays de fabriques et de grandes cultures, on s'est trouvé en présence de nombreux ouvriers à moraliser, à instruire. Personne n'a reculé devant cette tâche ardue Des maisons d'école nouvelles ont été érigées ; et cette année, comme enfantés par une baguette magique, plus de sept cents cours d'adultes ont été ouverts ; des cours populaires dans les villes ont été professés et suivis avec un zèle édifiant. Qu'on nous passe l'expression, on s'est rué sur l'instruction. Or, cet enthousiasme n'existe pas seulement chez tous les instituteurs déjà convaincus ; une sympathie vraie pour elle se remarque encore dans les classes élevées où nous voyons des personnes honorables veiller à son développement, donner des livres pour la création de quelques bibliothèques et assister avec empressement à toutes les solennités scolaires. Ne cite-t-on pas les visites fréquentes de l'Évêque aux cours d'adultes ? Les journaux du département ne reproduisent-ils pas, à chaque instant, les résolutions des conseils municipaux en faveur de l'instruction des classes ouvrières ? Est-ce tout ? De cet immense bourdonnement qui s'élevait tous les soirs dans les maisons d'école, peut-on dire qu'il ne soit rien sorti ; que des pensées plus ardentes n'agitent pas l'imagination et les cœurs de ces ouvriers instruits ; que des besoins de science ne soient pas nés ; qu'il n'y ait pas une situation nouvelle ? Si le vieil esprit routinier n'a pas disparu, il est maintenant battu en brèche. Dans cette masse d'obscurité on a fait pénétrer un rayon de soleil ; on a réchauffé une mer de glace.

Mais il faut plus encore.

Créations de Bibliothèques populaires. — Raisons à faire valoir et indiquant des présomptions favorables pour le succès d'une Société de propagation de ces Bibliothèques.

Les cours d'adultes, telle est cette année la première

conquête faite par le département en faveur de l'instruction primaire.

Il en reste une autre à faire, le complément de celle-ci : c'est la création des Bibliothèques populaires. Par elles surtout s'achèvera l'éducation des campagnes ; par elles on arrivera à cette éducation que les Américains savent se donner à eux-mêmes, l'éducation par la lecture.

Nous ne nous abusons point ; nous savons combien il est difficile de faire converger, vers le même but, les efforts d'un certain nombre de personnes, les mieux disposées : chacune, prise à part, est animée des meilleures intentions, mais des divergences percent bientôt dès qu'on arrive à une action commune. En dehors des Comices agricoles, il n'existe dans le département aucune Société de patronage qui se rapproche de celle que nous voudrions organiser pour la propagation des Bibliothèques populaires ; et nous savons que si les Comices agricoles ont pu se maintenir, c'est grâce à l'intérêt que tout le monde porte à l'agriculture On n'a pas l'habitude, parmi nous, d'agir sans le concours de l'administration ; et pour faire sortir de sa torpeur l'initiative privée, il faut user des moyens les plus séduisants, les plus aimables, les plus entraînants ; il faut montrer le succès presque organisé. En cela, nous ne sommes pas différents de nos voisins des départements limitrophes ; c'est le vice originel de la race française. On craint le ridicule en cas d'échec ; on aime les choses qui se font vite, et la persévérance n'est pas notre vertu.

Cependant faisons la part de l'imprévu, et voyons quelles sont les raisons qui puissent nous faire espérer le succès, si quelques personnes voulaient nous seconder.

A l'imprévu, nous ne marchanderons point sa part. Nous admettrons, si l'on veut, que l'on travaillera contre nous, que l'on inspirera des suspicions malveillantes contre l'éducation populaire, à quelques personnes influentes ; que l'on dira, que le temps est mal choisi de répandre des livres dans les campagnes lorsqu'il y en a tant de mauvais ; que les Bibliothèques seront inutiles ; que personne ne voudra lire ou n'en aura le temps ; que celui qui, d'ailleurs, saura lire, trouvera bien de l'argent pour acheter des livres ou en empruntera à la ville voisine; nous admettrons enfin que l'on dira que la lecture est une récréation inutile à l'ouvrier, travaillant de ses deux bras ; qu'il vaut mieux pour lui manier son outil que de s'égarer en des songes creux; que le temps passé aux réflexions et au travail de la pensée est perdu pour la famille; que la régénération sociale par la lecture est une utopie dangereuse qui prépare de tristes mécomptes; qu'il ne faut pas exagérer le mouvement qui s'opère en faveur de l'instruction, par des moyens hâtifs, mais laisser le temps agir seul pour consolider son œuvre.

Parmi nous, ajoutera-t-on peut-être, on redoute le changement, le bruit, les essais. On aime les vieilles mœurs, la tranquille placidité des vieux âges. N'a-t-on pas connu avec elles le bonheur et l'aisance ; n'a-t-on pas souri à toutes les joies de la patrie ou gémi sur tous ses deuils? Que faut-il de plus ? Est-ce que le département de l'Aisne ne suit pas, avec tous les autres départements, le courant qui nous emporte vers les grandes révolutions de l'avenir? N'a-t-il pas, lui aussi, son histoire, ses traditions qu'il a su faire respecter par l'étranger envahisseur, alors qu'il était moins instruit qu'aujourd'hui ?

Voilà l'imprévu, que nous espérons, Dieu merci, avoir

dépassé. Mais, en revanche, on nous permettra de supputer les raisons qui nous font croire au succès.

Et d'abord, nous avons tout lieu de croire aux sympathies de l'administration. Ce n'est pas quand M. Duruy parle avec tant d'éloquence de l'éducation du peuple, que l'administration départementale nous paierait de froideur et d'hostilités. Mais bien au contraire, elle favoriserait, par tous les moyens possibles, le développement de notre institution. Ce renfort n'est donc point à dédaigner dans un pays comme le nôtre, où l'on ne donne rien à l'aventure.

En second lieu, nous croyons pouvoir affirmer que, quelle que soit la part que nous ayons faite à l'imprévu et aux idées hostiles à la propagation des Bibliothèques populaires, la majorité du pays est conquise à l'heure qu'il est au développement de l'instruction. Et, par exemple, si les Comices agricoles ont eu et ont encore parmi nous une prodigieuse influence, si tout le monde s'y est rallié, c'est que tout le monde, autrefois comme aujourd'hui, a porté et porte encore de l'intérêt à l'agriculture. Et cependant n'ont-ils pas eu, eux aussi, leurs détracteurs? Eh bien! il en sera de même d'une Société de propagation des Bibliothèques populaires ue l que soit le mal que l'on en dise, quelque doute que l'on ait sur l'issue de son entreprise, tout le monde s'y ralliera, parce que tout le monde a de la sympathie pour le progrès moral des classes inférieures. Comme on disait il y a vingt ans, remuez profondément vos terres pour en tirer de meilleures récoltes, on dit maintenant, remuez profondément les intelligences pour en extirper les préjugés et en écarter les passions. On n'est maître de soi qu'en raison de l'instruction que l'on a; on n'a de l'émulation qu'en raison d'un progrès que l'on conçoit pouvoir atteindre.

Or, si telle est l'opinion générale en faveur de l'instruction, pourquoi échouerait-on en cherchant à fixer pour toujours, dans notre département, son extension et sa grandeur? Vit-on jamais un enthousiasme aussi vif en faveur d'une vérité; eut-on jamais plus de raisons de croire à une espérance? Quoi! pendant l'hiver, presque toute la population ouvrière de l'Aisne s'est rendue aux cours d'adultes, indiquant par là le prix qu'elle attachait à la science, et l'on voudrait nous faire croire qu'elle serait indifférente à la possession d'une Bibliothèque. Quoi! sept cents de nos instituteurs sacrifient leurs loisirs pour enseigner les vérités premières à ces esprits incultes, et l'on voudrait nous faire croire qu'ils répudieront demain une inspiration aussi noble! Ce soulèvement inouï en faveur de l'éducation ne peut être une manifestation passagère. Le désir de la science n'est point une passion éphémère, il est réfléchi et il résiste par de profondes racines jetées dans le cœur; et, au surplus, ce n'est pas chez les populations du Nord, froides par nature, sérieuses par instinct, que l'on rencontre de telles surprises.

En troisième lieu, nous dirons que le succès est d'autant plus certain que l'activité, le dévouement, les sacrifices pour cette cause ne doivent pas être forcément unanimes. La tâche de chacun sera relative: aux uns d'agir, aux autres de fournir les ressources pécuniaires. Nous exposerons plus loin quels sont les moyens que l'on peut mettre en œuvre pour créer une association ayant en vue la formation des Bibliothèques dans le département de l'Aisne.

Qu'exigerons-nous? Une faible cotisation annuelle de ceux qui adhéreront à cette idée; ensuite des membres correspondants qui nous seconderont dans les communes.

En retour, il en rejaillira sur chacun un peu d'honneur, un peu de respect, et qui sait peut être un peu de reconnaissance; ajoutons, ce qui est beaucoup, le plaisir d'avoir fait du bien et d'avoir servi au progrès de son pays. Un éminent professeur, M. Saint-Marc Girardin mettait au nombre des plus grandes jouissances de la conscience et regardait comme un mérite devant Dieu, d'avoir contribué par l'instruction à l'égalité des esprits, à l'élévation légitime du plus grand nombre. D'autres penseront, sans doute, comme lui. Nous avons devant nous des départements qui nous ont donné l'exemple, le Haut-Rhin, le Doubs, les Vosges. Faisons comme eux. L'Aisne a su développer chez lui les institutions nouvelles, la création des compagnies de pompiers, les Sociétés de secours mutuels, les Sociétés chorales, la médecine gratuite, déjà les Sociétés coopératives; l'Aisne ne reste jamais en arrière sur les découvertes de la science appliquée à l'industrie; il ne restera pas en arrière pour l'instruction des nombreux ouvriers qui le peuplent et concourent à la production de ses richesses. Il forme au milieu de la France, un pays qui a ses forces propres, son développement régulier; il se trouve pressé entre des départements qui le jalousent et lui font concurrence. Qu'il veille donc sur lui; qu'il instruise ses populations ouvrières pour se ménager un travail plus puissant, des inventions fécondes qui l'enrichissent encore, afin qu'il soit suivi pour n'être pas forcé lui-même de suivre les autres, un jour.

Mais, nous le disons avec confiance, nous réussirons; parce que nous mettrons au service de cette cause notre énergie, notre cœur, notre dévouement tout entiers; parce que nous nous efforcerons de grouper autour de nous quelques hommes influents et riches qui nous prêteront l'appui de leur nom et de leur autorité; parce que les entreprises conduites avec persévérance, avec volonté, avec suite, sont toujours couronnées de succès; parce que les fortes convictions entraînent les esprits chancelants et rallient autour d'elles des défenseurs; parce qu'enfin cette idée est généreuse, qu'elle est d'un bon exemple, et qu'elle ne peut manquer d'exercer un prestige qui en imposera et amènera son triomphe prochain. Quoi! nous dirons partout que les mauvais exemples sont pernicieux et nous n'admettrons pas que les bons soient féconds! Quoi! un malfaiteur entraînera avec lui des partisans dans le crime et ils lutteront entre eux de perversité et d'audace, et nous qui prônons une idée bonne, nous resterions sans échos!

Nécessité de l'éducation populaire par la lecture.

Quelque bien que puissent faire les instituteurs, ardents à la propagation de l'instruction primaire, ce bien ne sera durable qu'autant qu'il sera corroboré par une instruction continue, développant les germes déposés dans l'esprit par la parole du maître. A côté de la parole, il faut la lecture.

Dans le département de l'Aisne, ce progrès est encore à venir. Les lectures sont rares, les livres manquent. Il n'y a pas plus d'un libraire pour quatre-vingts communes. Le livre n'est pas encore devenu un besoin; c'est un luxe. Nous pouvons constater sans doute les excellentes dispositions dont on fait preuve pour ériger une bibliothèque, là où se fonde un cours d'adultes; mais c'est tout. Des hommes généreux donnent des livres aux communes, le ministre en envoie autant qu'il peut ; mais cela suffit-il ? Qui est-ce qui renouvellera les livres usés; qui est-ce qui fournira les livres nouveaux ; qui est-ce qui s'occupera de leur distribution et de leur choix; qui est-ce qui encouragera et protégera cette curiosité que donne la première lecture, en laissant à l'esprit et au cœur de si douces émotions?

Il est opportun de rappeler que tous les adultes qui, cet hiver, ont commencé leur éducation, retomberaient bientôt dans une ignorance malheureuse si, après les leçons orales, tout était fini pour eux. Que veut-on d'ailleurs qu'ils fassent de cette nouvelle instruction, s'ils ne l'appliquent pas ? Est-ce pour n'avoir à lire seulement que dans les étoiles, comme les bergers de l'antiquité, qu'ils ont appris à lire dans un livre? Est-ce pour n'apprendre que les grossières histoires de leur almanach ou les scandaleuses aventures des livres débités clandestinement dans les campagnes? Voilà cependant où conduiraient les cours d'adultes, s'ils n'étaient suivis de l'instruction faite par une bonne lecture. Les uns oublieraient; les autres courraient à la perversité de leur cœur.

Dans les pays depuis longtemps cultivés par l'instruction, comme l'Amérique, la lecture achève les premiers dégrossissements de l'instituteur sur l'esprit. Mais cette lecture est encouragée par les sympathies de tous les hommes considérables du pays, par des souscriptions volontaires. C'est une œuvre nationale à laquelle tout le monde concourt ; et, comme une grande eau courante, elle lave les impuretés de l'homme, elle entraîne les digues de l'intelligence. Elle fait office de fleuve.

Sinon, que servirait d'avoir espéré, d'avoir connu les immortelles jouissances de la pensée, d'avoir entrevu les ineffables beautés des grandes vérités, d'avoir bu à la source d'une poésie sublime, ou d'avoir été ébloui par les révélations de la science, si c'est pour se voir interdire cette vie, qui brille au-dessus de celle des sens? Que servirait d'avoir vu la lumière pour retomber dans les ténèbres? Assurément, ce ne sont pas tous les adultes, ouvriers ou pères de famille, qui s'adonneront à la lecture; beaucoup d'entre eux, rebutés par les premières fatigues du cerveau ou les obscurités d'une grande pensée, retourneront à leurs charrues et à leurs ateliers, dédaigneux de cette force morale qu'on leur offre; mais d'autres, avec avidité et sans lassitude, se nourriront de cette manne fortifiante pour régénérer leur âme et leur courage.

La lecture est un moyen très-efficace d'instruction et d'éducation. Mais, pour propager les bonnes lectures et en donner le goût aux populations qui viennent d'apprendre à lire, il faut leur mettre les livres entre les mains, faire appel à leur curiosité et à leur amour-propre, en stimulant leur émulation. Il faut ensuite que les lectures s'offrent à elles sans dérangement; que le livre frappe leurs yeux, qu'il soit à toute heure à leur disposition; il faut enfin, au milieu d'elles, des Bibliothèques qui leur soient agréables. Une Bibliothèque est un puissant mobile d'instruction. Il y a une sorte de fascination qui s'opère du livre au lecteur. La couverture, le titre, l'auteur sont des appâts qui séduisent et engagent à ouvrir chaque volume; et souvent une ligne qui y est lue en courant fait achever la lecture jusqu'à la fin. D'ailleurs on pense malgré soi aux choses qui tombent sous les yeux. S'il y a une bibliothèque dans un village, quel est celui qui, rentrant chez lui à la fin de la journée, n'ira pas y chercher le livre qui le renseignera sur une question soulevée par son esprit, au milieu de ce travail intellectuel qui se fait silencieusement, au dedans de nous, pendant l'agitation du corps? Aussi, nous croyons qu'il n'est qu'un seul moyen de propager l'amour de la lecture, c'est de créer le plus que l'on pourra des bibliothèques populaires. L'ignorance ne résistera pas devant l'envahissement du livre ; car il sera, pour les adultes nouvellement instruits, comme le fer qui rase dans les champs incultes les broussailles et les chardons.

La lecture, après tout, constitue la meilleure éducation de l'homme. Qu'est-ce dans les campagnes, que la première éducation de l'enfant? Celle faite par la mère est-elle suffisante, quand la mère elle-même ne sait rien, n'a ni souvenirs, ni convictions, et ne se gouverne que par la peur? Celle de l'école est trop courte et ne laisse aucune trace; celle de l'expérience, à l'âge de l'adolescence n'a pas encore commencé; à l'âge mur, elle n'est que celle de la misère et de la souffrance. Ainsi, jusqu'à la mort, quelquefois se traînent dans l'ignorance du bien et du mal, dans une sorte d'inconscience, ces populations vouées à la fatigue et aux durs travaux, qui peuplent les campagnes et les petites villes. Mais il y a une quatrième éducation, celle qu'acquièrent par la lecture ceux-là seulement qui savent lire.

Et pourquoi la demandons nous ? Le voici.

C'est que la misère de l'esprit est la plus dure conséquence de l'extrême pauvreté ; ne rien savoir, c'est ne rien pouvoir. L'éducation seule donne la liberté, affranchit l'homme, l'élève, l'ennoblit. Avoir détruit la servitude de la glèbe, ce n'est pas assez, il faut détruire la servitude de l'ignorance. Il y a au-dessous de nous 25 millions d'hommes, qui ne sachant rien, n'ont aucunes pensées semblables aux nôtres; qui, privés de la culture du cœur, obéissent en aveugles à leurs passions, eux que l'envie inquiète et que l'avenir trouble. Il leur manque un guide sûr, une raison fortifiée par l'exercice de l'intelligence. C'est donc à eux qu'il faut donner des livres, maintenant qu'ils savent lire, en leur disant: Pensez, espérez, aimez, voyez clair enfin ; sachez d'où vient cette laine que vous tissez, cette électricité qui porte vos désirs au bout du monde, cette vapeur qui remue les plus lourds engins de vos ateliers; sachez ce que c'est que la société et les principes qui la gouvernent; étudiez les lois de la famille ; scrutez votre âme pour y analyser les profonds attachements de l'amour et de l'affection; soyez hommes enfin. C'est par le livre que se fera cette nouvelle éducation. Il réunira la famille le soir devant les portes où il sera lu; il accompagnera le rêveur dans ses promenades du dimanche, il le consolera dans ses peines. Car qu'est-ce que le livre, si ce n'est un ami toujours présent, un maître toujours bienveillant, un acteur toujours spirituel, agréable, docile à notre volonté ? L'homme qui n'a pas entendu, dès son berceau, les tendres conseils d'une mère, peut retrouver une âme dans ces pages qu'ont écrites ceux qui ont aimé, souffert, pleuré. L'éducation par la lecture fera une France nouvelle. Ce sera la découverte d'un nouveau monde, comme celle que fit Christophe Colomb au quinzième siècle; et celui qui pourrait retracer toutes les pensées qui vont éclore dans ce terrain ferme et vigoureux aurait à dire sans doute des choses autrement étranges, ou autrement grandioses, que toutes celles qui furent révélées après l'expédition du célèbre Espagnol.

Résultats de cette Institution.

Quelle déduction peut-on tirer de la formation des Bibliothèques populaires dans le département?

Cette déduction la voici :

Il en résultera, pour chacun, une éducation solide; une conception plus nette des droits et des devoirs; une demeure mieux entretenue; une observation plus scrupuleuse des lois de l'hygiène; le respect du corps qui est une partie de nous mêmes, que nous devons conserver dans un état de pureté et de propreté dignes d'un honnête homme; l'amour de l'ordre et de la propriété; le désir de s'élever dans la hiérarchie sociale par l'énergie du travail et une volonté inflexible; plus d'aptitude enfin aux associations qui promettent d'être les règles de l'avenir et feront de la France une démocratie intelligente et impérissable. Assurément, ce ne sont pas dès aujourd'hui des résultats acquis, mais ce sont des résultats promis avec l'extension de l'instruction, et si le département de l'Aisne est plus avancé que les autres dans cette voie, il marchera tout d'abord à la tête des autres, à cause de ses richesses morales et de ses forces matérielles.

Une autre conséquence non moins heureuse, et qu'il faut prévoir pour un temps prochain, c'est un arrêt dans la dépopulation des campagnes. Etant plus éclairé, l'ouvrier des champs discernera mieux ses intérêts; il ne se laissera plus séduire par l'appât d'un mouvement industriel, factice, dans certaines villes pendant les jours de fête où tout parait être joies et plaisirs. Ce ne sont là que des dehors trompeurs. La ville cache les plus grandes et les plus profondes misères. Pour un ouvrier qui y trouve un emploi fructueux de son temps, dix y meurent de privations et de chagrins. Mais il n'y a que l'ouvrier instruit et qui a lu, qui veuille l'admettre, et qui puisse le comprendre

Tels sont d'une façon sommaire les résultats que la

réflexion indique comme devant découler de l'éducation populaire. Il y a un point surtout sur lequel tout le monde est d'accord, c'est que si l'on ne procure pas de bonnes lectures à l'ouvrier, il en fera de mauvaises. Est-il nécessaire de rappeler ici l'histoire du crime de la veuve Chabessière à Paris ? C'était dans de mauvaises lectures que l'idée du crime avait été inspirée aux assassins.

Moyens de créer ces Bibliothèques.

Voici de quelle manière nous envisageons la réalisation de nos projets.

Nous espérons que nos efforts rallieront aux Bibliothèques populaires une douzaine d'hommes influents au nombre desquels il y aura peut-être quelques Membres du Conseil général. Alors, par les soins de ces mêmes personnes réunies en comité, une somme sera souscrite pour couvrir les premiers frais de propagande dans lesquels nous comprenons un appel direct à tous les Maires et à toutes les personnes notables du département. Après cet appel, si le nombre des adhésions est suffisant, la Société pourra être définitivement constituée. Une assemblée générale aura lieu et, dans cette assemblée, serait proposé le projet d'association suivant :

Projet d'association

pour la formation et le développement des Bibliothèques populaires dans le département de l'Aisne, sous le nom de Société des Bibliothèques populaires de l'Aisne.

Le projet ci-dessous a déjà été adopté dans plusieurs départements, entre autres dans celui du Haut-Rhin.

En voici le texte :

« L'association a pour but principal de propager l'idée des Bibliothèques populaires dans le département de l'Aisne, et de stimuler l'initiative locale dans toutes les communes où les Membres auront accès.

» La Société recueillera et publiera tous les ans les renseignements relatifs à ces Bibliothèques, décernera des primes d'encouragement aux communes qui se seront le plus distinguées et des récompenses honorifiques aux bibliothécaires qui auront montré le plus de zèle; prendra en main la cause des Bibliothèques dans le cas de legs contestés, et subsidiairement aidera à leur établissement par des dons d'argent quand cela sera reconnu nécessaire.

» Elle s'interdit tout achat direct et toute désignation officielle de livres, voulant se tenir en dehors des préférences d'opinions et de librairies, ses Membres se réservant d'aider de leurs conseils ceux qui s'adresseront à eux.

» Un comité de douze Membres sera nommé dans la première réunion de la Société et soumis tous les ans à la réélection par tiers, tiré au sort. Les membres sortans seront rééligibles. En cas de partage des voix celle du président sera prépondérante.

» Il y aura une réunion annuelle de la Société le jour anniversaire de sa fondation et une réunion mensuelle de son Comité.

» Chaque Membre paiera une cotisation annuelle de 5 fr. Elle sera recueillie dans chaque canton par un délégué de la Société et versée par lui entre les mains du Comité, qui aura seul le droit de disposer des fonds.

» Les bibliothécaires seront de droit Membres de la Société. Payant de leur personne, ils seront dispensés de la cotisation en argent.

» Il sera rendu compte en séance annuelle de l'emploi des fonds et de la situation financière de la Société.

» La Société s'interdit toute intervention étrangère à la cause des Bibliothèques populaires dans l'intérêt exclusif desquelles elle est fondée. »

Instruction pour l'établissement des Bibliothèques populaires.

Voici également des instructions que nous empruntons au Comité de la Société des Bibliothèques du Haut-Rhin.

« Il faudra réunir d'abord quelques-uns des habitants les plus éclairés de la commune et former une Commission bénévole qui commencera par recueillir, si la chose est possible, un premier fonds de livres ou d'argent.

» C'est au Maire de la commune que revient de droit l'initiative. A son défaut, tout citoyen de bonne volonté peut la prendre.

» La Commission s'adressera au Conseil municipal et lui demandera de voter la création d'une Bibliothèque populaire qu'elle se chargera d'administrer sous la surveillance du Conseil.

» Les livres étant destinés surtout à être emportés, une salle spéciale n'est pas indispensable pour commencer. On trouvera toujours à la Mairie ou dans la Maison d'école l'emplacement nécessaire pour loger les livres, soit dans le corps de bibliothèque dont on fera l'acquisition, soit même dans une des armoires déjà existantes. »

Conclusion.

Depuis deux ans à peine que la Société des Bibliothèques populaires existe dans le Haut-Rhin, le succès a couronné ses efforts. L'action de la Société a été introduite dans dix-sept cantons sur vingt neuf, et près de 4,000 volumes ont été mis en circulation.

Est-ce que dans l'Aisne, on ne pourrait pas faire aussi bien? Devons-nous croire qu'il ne se trouvera aucune de nos notabilités départementales pour accepter la direction de cette association?

Devons-nous croire que personne n'imitera son exemple et que chacun s'endormira dans une insouciance qui arrêtera l'essor de son initiative? Devons-nous croire qu'il n'y a parmi nous que des esprits égoïstes, des gens satisfaits de leur éducation, de leurs jouissances, n'ayant aucun dévouement pour la grandeur de leur pays et sa force morale? Devons-nous croire que la peur de l'instruction ou de ces flots de lumière répandue dans les classes populaires, arrêtera l'énergie que l'on apporterait au succès d'une autre cause? Oh! nous ne pensons pas aussi mal de notre département! Nous lui connaissons les plus nobles qualités de l'esprit et du cœur; nous nous souvenons des grands hommes qu'a portés la terre fertile de la Picardie; nous n'avons pas oublié ceux que depuis un siècle elle a enfantés pour toutes les gloires; nous constatons enfin cet immense développement des cours d'adultes en un an, et nous espérons que ce jet de patriotisme, que cette ardeur pour l'instruction ne s'éteindront pas en une journée L'occasion se présentera bientôt de voir réunis à Laon, pendant la session du Conseil général les hommes influents de notre département.

Que quelques-uns d'entre eux consentent à prêter leur nom à cette œuvre nouvelle, et, avant l'hiver, nous affirmons que nous aurons recueilli de nombreuses souscriptions. Nous en avons donné ci-dessus les raisons.

Ce n'est pas une Société puissante que nous espérons fonder à Laon, ses débuts seront modestes, nous le savons; mais nous serons soutenu par l'espoir de l'extension progressive de son action. D'ici là on se pénétrera davantage, si c'est possible, de cette vérité que la Bibliothèque populaire est le complément des cours d'adultes et pour les ouvriers deviendra la mère nourricière de leur intelligence, la directrice de leur raison, la maîtresse de leur cœur. Qu'aujourd'hui cela soit regardé comme une illusion, rien d'étonnant; mais, dans quelques années, grâce à Dieu, grâce à l'énergique impulsion donnée à l'éducation par l'infatigable ministre, M. Duruy, cela sera devenu une vérité; le livre fera la régénération du monde; une nouvelle humanité en sortira.

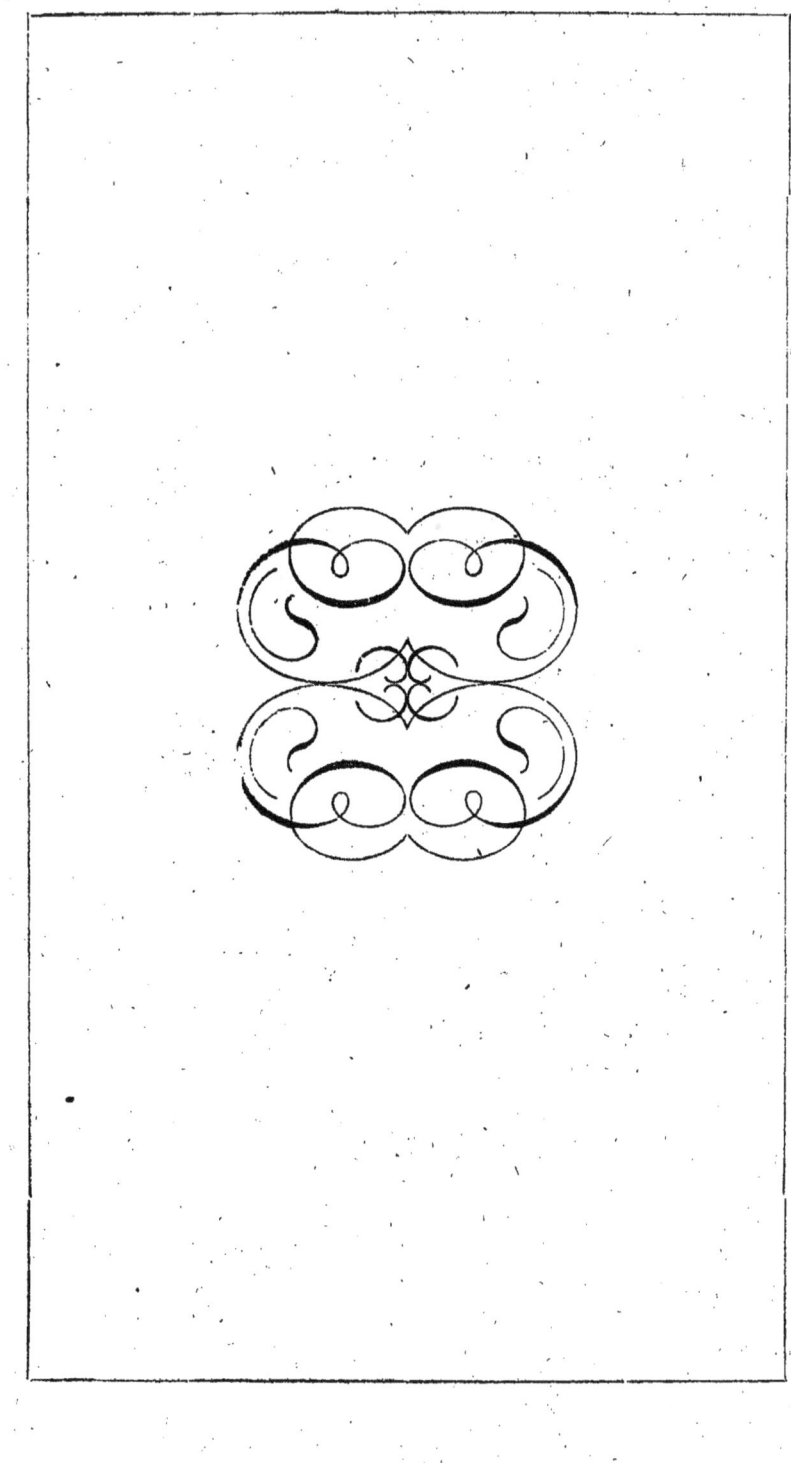